I0554637

Espíritus Guías Para Principiantes

Cómo Escuchar El Llamado Del Universo y Comunicarte Con Tus Espíritus Guías y Tus Ángeles Guardianes

Layla Moon

i

PUBLICADO POR: Layla Moon

©Copyright 2022 - Todos los derechos reservados.

Índice

Tus Regalos GRATIS   1

Introducción   5

Capítulo uno: El universo te está llamando   11

¿Cómo saber que escuchaste el llamado?   16

Capítulo dos: Leer las señales del universo   19

Sincronicidad   19

Cómo detectar los números angélicos   23

Sueños y visiones   24

Deja Vu   25

Instintos viscerales   25

La apariencia de las personas y los animales   26

Capítulo tres: Espíritus guías y ángeles guardianes   29

Introducción a los espíritus guías   33

Arcángeles   33

Maestros ascendidos   35

Los seres queridos que ya no están   36

Ángeles guardianes   36

Ángeles auxiliares   37

Espíritus de los animales 37

Capítulo cuatro: Establecer un primer contacto 39

Conversaciones con el Universo 40

Contactando con tus espíritus guías 46

Aprovechar el poder de los números angélicos 50

Los momentos de desconexión 53

Mirando hacia el futuro 55

Conclusión 57

Gracias 59

Tus Regalos GRATIS

Para ayudarte en tu viaje espiritual, he creado 4 eBooks gratuitos.

Puedes obtener acceso instantáneo e ellos suscribiéndote a mi boletín de noticias a través del correo electrónico que te daré a continuación.

Además de los 4 libros gratuitos, también recibirás consejos semanales junto con regalos de libros, descuentos y mucho más.

Todas estas bonificaciones son 100% gratuitas y sin compromiso. No necesitas proporcionar ninguna información personal excepto tu dirección de correo electrónico.

Para obtener tu bono, ve a:

https://dreamlifepress.com/four-free-gifts

O escanea el siguiente código QR

1

La Ley de la Atracción: Manifiesta tu Deseo

Aprende a aprovechar el poder infinito del universo y a manifestar todo lo que quieres en la vida.

Incluye:

- La Ley de la Atracción: Manifiesta tu deseo ebook

- Libro de trabajo de la Ley de la Atracción

- Hojas de trucos y listas de control para asegurarte de que estás en el camino correcto

Libro De Hechizos Hoodoo Para Principiantes: Hechizos Fáciles Y Eficaces De Enraizamiento, Conjuro Y Protección Para La Curación Y La Prosperidad

Aprovecha el poder de una de las más grandes magias. El Hoodoo es una fuerza poderosa ideal para alejar la negatividad, promover la positividad en todas las áreas de tu vida, ofrecer protección a todo lo que amas y, en definitiva, tomar el control de tu destino.

En su interior, descubrirás:

- Cómo empezar a utilizar el Hoodoo en tu día a día
- Cómo utilizar los conjuros para manifestar la vida que quieres vivir
- Cómo los hechizos de protección pueden ayudarte a soportar los momentos más difíciles
- Cómo romper con los ciclos de mala suerte y promover la buena fortuna a lo largo de tu vida
- Hoodoo para fomentar la prosperidad y la estabilidad financiera
- Cómo curar traumas y problemas usando la magia Hoodoo, tanto a corto como a largo plazo
- Eliminar maldiciones y desterrar el dolor, el sufrimiento y la negatividad de tu vida
- Y mucho más...

El Libro De Las Sombras

Un PDF imprimible para apoyarte en tu transformación espiritual.

Dentro de sus páginas encontrarás:

- Una Hoja de seguimiento de pociones y tinturas

- Un registro de aceites esenciales

- Registro de hierbas

- Lista de control de rituales mágicos y objetivos corporales espirituales

- Hojas de lectura del Tarot

- Seguimiento semanal de la luna y los ciclos planetarios

- Y mucho más

Consigue todos los recursos GRATIS visitando el siguiente enlace

https://dreamlifepress.com/four-free-gifts

Introducción

Siempre sentí que la presencia de los espíritus guías y las mareas del universo siempre han influido en mi ser físico y espiritual, pero solo en la última década estuve en contacto con esta parte de mí ser.

Cuando tenía veintidós años, sufrí una terrible separación. Al igual que la mayoría de los que pasamos por relaciones no muy positivas, especialmente cuando somos jóvenes y no conocemos nada mejor, no podía creer que me estuviera pasando a mí.

Todo empezó bien, saliendo, pasando tiempo juntos y disfrutando de algunos buenos momentos, pero la situación empeoró rápidamente. Él tomaba mucho, y había muchos aspectos de su vida con los que no estaba contento, tales como su carrera, su situación económica y sus relaciones con sus amigos y su familia. Como era joven e ingenua, pensé que estábamos enamorados y que el amor que sentíamos el uno por el otro lo salvaría.

La situación empeoró. Un día, al perder mi pareja su trabajo de una forma un tanto explosiva, encontró la solución en el fondo de una botella. Las semanas en el paro se convirtieron en meses y en casi un año. Durante todo ese tiempo, las discusiones empeoraron. La vida cotidiana se volvió cada vez más violenta.

Traté por todos los medios de ayudarlo a salir de esa etapa oscura y que vuelva a levantarse, pero no pude. No era perfecta; por supuesto, no lo era. No soy más que un ser humano. Hice todo lo que pude, pero no fue suficiente.

Una noche, salió del apartamento dando un portazo detrás de él, dejándome en un frío silencio que pareció durar una eternidad. Lloré. Lloré mucho, y no me avergüenza. Estuve sentada con la espalda contra el sillón, viendo cómo mis lágrimas rodaban y se desprendían de mi cara antes de que el sillón donde me sentaba las absorbiera.

Fue entonces cuando la escuché. Una voz. No era más que un susurro. Al principio, pensé que la puerta había quedado abierta, o que era el viento que entraba por una ventana, pero no era así. Incluso en mi estado de vulnerabilidad y derrota, me di cuenta de que era algo más.

El ambiente de la habitación cambió tanto que no pude ignorarlo. Escuché atentamente y me limité a aceptar lo que debía ser el viento como un agradable frescor. Pero no lo era.

Era cálido. Amigable. Incluso tentador. Al sentir que se me erizaban los pelos del brazo, escuché atentamente, y esa suave brisa se convirtió en susurros.

"Necesitas ser libre. De esta relación. De esta experiencia. De esta situación. Esto no te sirve"

Y la voz desapareció.

En ese momento, pensé que me estaba enloqueciendo. Logré recordarme a mí misma que estaba triste y estresada, y si iba a escuchar algo, aunque fuera un pensamiento poco claro, entonces sí, probablemente era de esperar, sobre todo con lo que estaba sintiendo en ese momento. Sin embargo, no podía quitarme de la cabeza la idea de que era algo más.

Y tenía razón. Durante las semanas siguientes, investigué a fondo para averiguar qué podían significar la voz y el susurro, y muy pronto descubrí que el universo se comunicaba conmigo. Mis espíritus guías se estaban revelando.

Ahora bien, esta no es una idea nueva para mí.

Siempre me consideré una persona espiritual y que, de vez en cuando, se conecta conscientemente con los flujos y corrientes del universo, pero no fue hasta este momento que lo sentí tan personal. Mis padres son religiosos, ellos son Testigos de Jehová. Aunque ellos creen en Dios (yo no tanto), siguen pensando en la idea de ser guiados por una fuerza externa más poderosa y omnipotente.

Las fuerzas del universo, por así decirlo. Ahora las experimentaba en tiempo real.

Durante años, traté de abrir mi mente y mi alma, permitiéndome reconectar con esos guías, esos espíritus y esas fuerzas externas del universo. Encontré una forma. A través de mi carrera como escritora, maestra espiritual y practicante, pude perfeccionar mis habilidades y encontrar muchas maneras de abrir esta conexión con el universo y mis espíritus guías. Lecciones que cualquiera puede tomar y utilizar para obtener los mismos resultados.

Estos guías me han ayudado a iluminar mi camino en los momentos más brillantes y en los más oscuros de mi vida, ofreciéndome consejo, comprensión y claridad siempre que lo necesité.

La vida puede ser desafiante, complicada, problemática y estresante, y siempre es difícil saber en qué concentrarse y saber en qué pensar. Afortunadamente, la orientación de mis guías y del universo me ayudó enormemente.

Mirando en retrospectiva, mis guías espirituales se comunicaron conmigo muchas veces y me enviaron señales. Están ahí desde el día en que nací (algunos incluso antes) y me mostraron el camino, aunque no me diera cuenta en ese momento.

Con cuanta más gente hablo de este tema, más firmemente creo que la presencia de espíritus, guías universales, números angélicos y ángeles guardianes, es una especie de magia que todo el mundo experimenta en algún momento de su vida.

Recuerda momentos de tu vida en los que hayas tenido un despertar repentino, un leve empujón en una nueva dirección o bien una experiencia mucho más intensa y vívida. Quizás hayas tenido una revelación sorprendente, e incluso hayas visto físicamente a tu guía manifestarse en tu presencia.

No es inusual. En realidad, es algo relativamente común, pero muchas personas lo consideran un momento de locura único o una claridad inevitable sobre una situación determinada. No es así. Puedes literalmente manifestar estas experiencias en cualquier momento en que las necesites, y puedes abrirte a más oportunidades.

En este breve libro, me propongo ofrecerte una excelente visión inicial de lo que significa conectarse y abrirse a los mensajes, las comunicaciones y la orientación tanto del universo como de tus espíritus guías. Vamos a explorar qué significa todo esto, cómo funciona y cómo puedes introducir estas prácticas en tu vida, para ayudarte a nutrir tu propia conexión con tus fuentes de poder.

Esta es la forma de escuchar el llamado del universo y entrar en contacto con entidades superiores a ti mismo.

Capítulo uno

El universo te está llamando

"El cosmos está dentro de nosotros. Estamos hechos de materia estelar. Somos una forma de que el universo se conozca a sí mismo".

Dividiré este libro en dos partes. En la primera parte, nos adentraremos a fondo en la escucha y sintonización de las señales del universo, explorando qué son y cómo puedes conectar con ellas. La segunda parte estará dedicada a la conexión con tus ángeles guardianes y otros espíritus guías.

Empecemos por el universo.

Muchos creen que el universo es la totalidad del espacio, un lugar sin límites que alberga planetas, estrellas y todas las formas de vida que conocemos y que desconocemos. Pero en realidad, el universo encierra mucho más. Como seres humanos, estar en el universo significa que somos parte de él. El universo es el universo. Si tú y yo formamos parte de él, entonces somos lo mismo, o al menos venimos del mismo lugar. Venimos de la misma fuente y estamos hechos de la misma energía.

Esencialmente, puesto que podemos sentir emociones y presenciar experiencias, son muchos los que creen que el universo vive a través de la humanidad. Puede parecer mucho para procesar y comprender. La idea es complicada y, si eres nuevo en ella, te llevará algo de tiempo asimilarla. Se trata de una de esas ideas que puedes comprender ahora, aunque habrá momentos de claridad en el futuro en los que este concepto te llegue de verdad.

No obstante, cuando empiezas a comprender el concepto y a sentirlo, una parte más profunda de ti se da cuenta de que el universo está trabajando a tu favor.

Al fin y al cabo, el universo eres tú, y tú eres el universo. Por eso, lo mejor es que triunfes en lo que quieres hacer y en el tipo de vida que quieres vivir.

El ser humano existe desde hace mucho tiempo, y ha evolucionado mucho en un periodo relativamente corto, sobre todo teniendo en cuenta que el universo tiene miles de millones de años, y quién puede saber qué pasó antes.

A lo largo de nuestra existencia, por lo menos en las formas que conocemos, nuestra historia está llena de relatos, mitos y leyendas sobre cómo los humanos solían estar tan conectados con la tierra y el reino de los espíritus. Adoramos al cielo y meditamos sobre las maravillas del mundo, poniendo de manifiesto algunas de las creencias más profundas; las cuales siguen siendo relevantes en nuestra vida cotidiana.

Si alguna vez tuviste la oportunidad de leer una obra religiosa como el Tao Te Ching, entonces sabrás lo poderosas que pueden ser estas ideas ancestrales.

Este tipo de textos y formas de pensar existen únicamente porque los seres humanos pudieron vivir en armonía con el resto del universo. Existía paz y equilibrio en lo que hacíamos y en las decisiones que tomábamos. Convivíamos con la naturaleza a nuestro alrededor, tomando solo lo necesario y viviendo respetuosamente con las fuerzas superiores.

No obstante, no cabe duda de que nos alejamos de esta forma de vivir. Hoy nos rodeamos con todo lo humano, desde los edificios hasta la cultura, y nos consideramos la cima de la creación. El ser humano es el todo y el fin. O al menos eso piensan muchos.

Hoy en día, las mentes y criterios de la mayoría de la gente están nublados. Algunos valoran el dinero y el poder (creaciones humanas) sobre todas las cosas. Otros valoran el prestigio o las pertenencias materiales, pero muchos quieren volver a una forma de vida más equilibrada, pacífica y espiritual. Este desplazamiento de la atención hacia el mundo material se produjo a lo largo de muchos miles de años, y es algo que no podemos simplemente revertir.

Resulta prácticamente imposible volver a una época anterior al dinero o a la tecnología, no al menos en nuestra existencia humana. En este punto, el progreso es prácticamente imparable. Pero eso no quiere decir que no podamos adaptar el modo en que vivimos nuestras vidas y la forma en que pensamos. Para hacerlo, es necesario abrir la mente al llamado del universo.

Que estés leyendo este libro significa que ya tuviste una experiencia. Puede ser pequeña, como tener un presentimiento o una idea surrealista que se te quedó grabada y que te dejó una sensación extraña sobre cómo pudo aparecer.

Quizás escuchaste un susurro en el fondo de tu mente que te llevó a querer aprender más y te guio en tu investigación, descubriendo así este libro y su manera de pensar. Puede que tu experiencia haya sido grande. A lo mejor te cambió la vida y ahora no puedes volver atrás. No tienes elección, fuiste colocado en este camino, y ahora tratas de encontrar tu rumbo.

Tal vez hayas visto una y otra vez el mismo conjunto de números, desde el número de un autobús, hasta la misma secuencia que aparece en un número de teléfono, o los números de un reloj. No importa dónde vayas, no puedes evitar verlos repetidamente.

Sin importar las razones por las que emprendiste este viaje, ya estás aquí, y eso es lo único que importa.

Pero ¿cómo sabes que el universo te llama?

Es una pregunta que me hice durante mucho tiempo. A lo largo de mi propia experiencia, tuve todos esos nuevos impulsos, casi susurros en mi cabeza. La verdad es que tenía miedo. Sutilmente me convencí de que, si me estaba volviendo loca o había perdido definitivamente la cabeza, no me lo cuestionaría.

¿Quizás fuera solo mi propio crecimiento personal? ¿Puede que alguna parte reprimida o dormida de mí estuviera despertando? Si bien tenía una ligera idea de que el universo se dirigía a mí, ¿cómo podía estar segura?

¿Cómo puedes estar seguro?

Como veremos en el capítulo siguiente, existen señales a las que hay que prestar atención, señales que, en cuanto empieces a notar, te confirmarán que el universo se te está dando a conocer. Soy una firme creyente de que este es un proceso por el que pasan todos los seres humanos del planeta. Sucede cuando es el momento adecuado y cuando los astros se alinean, pero depende de ti escuchar el llamado o no.

Estoy segura de que conoces personas en tu vida que escucharon un llamado para hacer algo o para cambiar o crecer de alguna manera, pero eligieron ignorarlo o lo pasaron por alto involuntariamente. Es entonces cuando las personas acaban estancadas durante años, o sencillamente parecen amargadas. Es posible que tengan la oportunidad de volver a escucharlo, aunque no es seguro.

Aunque quieras a estas personas, tienes un instinto muy profundo que te lleva a saber quién ha respondido y quién no a sus llamados y ha visto las señales. Así que, una vez más, ¿cómo puedes estar convencido de que escuchaste el tuyo?

¿Cómo saber que escuchaste el llamado?

Si bien ver las señales es un buen indicio de que el universo te está llamando, otros signos reveladores te ayudarán a confirmar lo que escuchaste, indicándote que es hora de actuar. Si vives tu vida día a día en un estado de dificultad y frustración, entonces no estás viviendo lo que llamarías " la mejor vida", por falta de un término mejor.

Vives en un estado de tolerancia. Es posible que tengas un trabajo que odias, una situación económica que te frustra o que estés viviendo con alguien que no quieres cerca. Sientes que no tienes elección al respecto. La vida es así, y por eso soportas la situación en la que vives. Muchas veces, las personas ni siquiera son conscientes de que viven de este modo. Se acostumbran a su situación habitual.

Escuchar el llamado es sentir una transformación dentro de uno mismo. Un cambio. Un nuevo modo de pensar. Algunos dicen que sienten que se abre una puerta en su interior y que aparecen nuevas oportunidades. Puede comenzar de forma pequeña y sutil o fuerte y evidente. ¿Alguna vez te despertaste y te sentiste diferente? ¿Cómo si hubieras recibido una nueva oleada de motivación y concentración? ¿Has batallado alguna vez con algo y, de repente, aparentemente de la nada, se te reveló una respuesta?

Son los llamados del universo. No obstante, es en ese momento cuando muchos se quedan cortos. Yo lo hice. Tú lo has hecho. Tanto si viene como un llamado universal o como un incremento en la energía vibracional, muchos piensan (o al menos desean) que eso es suficiente para realizar el cambio. No es así. La fuerza cósmica que rige todo no funciona de esta forma. Si fuese tan fácil, dirían algunos.

Un cambio de enfoque o un aumento de la energía vibratoria, un llamado interno del poder universal, no cambia nada. Esto depende de ti. Escuchar un llamado es una cosa. Hacer caso del mensaje en sí mismo y después actuar es otra. Se trata de un proceso paso a paso.

En el siguiente capítulo, veremos algunas de las formas en las que el universo se pone en contacto con los seres humanos, pero, por ahora, observa que, si percibes una o más de estas señales, pon más atención a otros posibles indicios que puedan aparecer en tu camino. Es mediante el reconocimiento de estas señales que puedes escuchar el llamado.

Cuando las conozcas, te será más fácil saber lo que estás buscando, pero por ahora, abre tu conciencia todo lo que puedas. Mantén los ojos y los oídos abiertos. Abre tu mente y tu alma. Las señales están ahí.

CAPÍTULO DOS

Leer las señales del universo

"El universo habla si estás dispuesto a aprender a escuchar".
- David Bowers

Con tu mente abierta y tu ser comenzando a aceptar las señales potenciales que el universo puede enviarte, es el momento de empezar a reconocer lo que son. Las señales vienen en formas, tamaños y métodos, pero suelen seguir patrones y estilos provocados por las manifestaciones vibracionales.

Permíteme explicarte.

Sincronicidad

Hace algunos años, mi amiga se encontraba en una relación tan complicada como la mía, y planeaba establecerse con una pareja abusiva. Visto desde fuera, era desolador ver cómo ella negaba reiteradamente que le pasara algo.

Siempre que nos encontrábamos y tenía un nuevo moretón, una marca o un estado mental quebrantado, ella desviaba mis preguntas cuando yo le preguntaba si estaba bien y continuaba insistiendo en que las cosas se iban solucionando poco a poco. Por fuera, era evidente que las cosas no hacían más que empeorar.

Hubo una semana especialmente mala en la que mi amiga estaba arruinada, tanto física como emocionalmente. Era terrible verla en ese estado, aunque seguía negándose a recibir ayuda. Nos reunimos para comer una tarde y no me pude contener. Hablé de lo doloroso que era verla tan destrozada; y el hecho de verla tan vencida y permanecer donde estaba, literalmente me rompía el corazón.

Cuando hablábamos, una pareja discutía por dinero en la fila del restaurante.

El hombre llamaba "perra" a su pareja por no tener suficiente dinero en efectivo, y ahora tenía que pagar con su tarjeta. Exageró la situación, provocando que las cabezas se giraran. Mi amiga lo observó, asombrada, ya que habíamos estado charlando literalmente sobre una situación similar, pero le quitó importancia y cambió de tema.

Algunas noches más tarde, ya que su pareja estaba trabajando en el turno nocturno, quise sacarla de casa, por lo que la llevé a mi club de lectura. Era tímida y le costó abrirse. Este club se llevaba a cabo en una pequeña librería del centro de la ciudad, y empezamos acomodando las sillas en un círculo en el salón principal.

Mientras movíamos las sillas, la de mi amiga golpeó una de las estanterías, provocando la caída de un libro desde un estante alto. Ese libro que cayó en su silla hablaba de cómo superar los efectos de una relación abusiva y volver a aprender a quererse a uno mismo.

Mi amiga lloró. Lloraba a mares. Nos sentamos afuera en un banco mientras compartió lo que había notado en las últimas dos semanas. Desde la cafetería hasta el libro que se le cayó en la silla, desde ver programas de televisión y vídeos en YouTube sobre relaciones abusivas, y escuchar las conversaciones de otras personas, describía cómo sentía que no podía escapar del tema.

Este es el poder de la sincronización.

El universo es una cosa sensible e intrincada que fluye y refluye según el tiempo y la experiencia. Por encima de lo que podemos ver y comprender, existen infinitas conexiones entre los acontecimientos, las palabras pronunciadas, el tiempo y todo lo que no podemos conocer. Es el impacto del efecto mariposa. Hasta el evento más pequeño puede tener el mayor impacto, y cuando se empieza a considerar el efecto de las energías vibracionales, este se multiplica por diez.

La sincronicidad es un proceso de eventos relacionados que no parecen obedecer a las estrictas leyes de causa y efecto. Simplemente son mensajes que te llegan de diversas formas, pero que tienen tanto significado e impacto en tu mente que no puedes dejar de notarlos. Seguramente has vivido experiencias aparentemente extrañas como esta en el pasado.

Eso fue una señal del universo.

De ahora en adelante, mantén los ojos abiertos a las señales de sincronización. Pueden ocurrir en cualquier lugar y en cualquier momento, así como a lo largo del día, o incluso de varias semanas o meses. La sincronicidad se vincula muy bien con los números angélicos porque si empiezas a ver números que se vinculan con un determinado mensaje, sabrás que un mensaje está llegando a ti.

De cualquier manera, realmente no importa cómo estas señales te llegan, lo más importante es recordar que se destacarán, y es tu conocimiento lo que indica que escuchas la señal.

Cómo detectar los números angélicos

Si alguna vez viste los mismos números o patrones de números de forma repetida, son señales que no debes ignorar. En realidad, son una de las señales más poderosas que puede enviarte el universo, por eso se les conoce como "números angélicos". Los números angélicos han sido una parte importante de mi vida durante muchos años.

A lo largo del tiempo, sobre todo cuando estaba estudiando y tratando de encontrar la motivación para escribir mi libro - y actualmente de vez en cuando - siempre me parecía ver los números 911, siempre en ese orden. La mayor parte de los días, veía la hora 9:11 por la mañana y por la noche. Lo veía en las matrículas de los coches, al final de las direcciones de correo electrónico, etc.

A causa de un gran acontecimiento que cambió el mundo, creí que esto era simplemente el caso. Solo la conciencia de un día oscuro, pero tras dedicar tiempo a investigar el mundo espiritual, no tardé en darme cuenta de que era mucho más. Eran mis números angélicos con su propio significado y propósito, y una vez que empecé a abrazar este significado, mi vida empezó a cambiar. Al fin y al cabo, tú estás leyendo este libro ahora mismo. Lo hice posible, y el universo me ayudó.

Más adelante hablaré de esto, pero de momento ten en cuenta que los números angélicos existen y que son importantes cuando se trata de ayudarte a conectar con el universo, tus espíritus guías y, en última instancia, a encontrar tu camino.

Sueños y visiones

Mencionaré rápidamente a los sueños y las visiones porque son muy importantes a la hora de conectar con el universo, y probablemente hayas oído hablar de ellos antes. Los mensajes que escuchas en tus sueños proceden de tu mente inconsciente, llegando a ti involuntariamente de manera poderosamente visual.

Aunque no todos tengan significados poderosos que cambien tu vida, el hecho de que un sueño se te quede grabado en la memoria durante un tiempo, es decir, que sigas con su eco a lo largo del día, es una señal inequívoca de que debes sumergirte en él para descubrir lo que está tratando de decirte.

Por fortuna, leer tus sueños y sus significados es más fácil que nunca, sobre todo con la amplia colección de información en línea.

Deja Vu

Personalmente, y acaso con un poco más de despreocupación, el experimentar un Deja Vu es una de mis señales favoritas del universo, ya que es muy patente, y se trata de una sensación muy interesante. Puede sentirse tan intenso, hasta el punto de ser inconfundible. Si lo experimentas, es el momento de concentrarte y buscar las señales.

Independientemente de la situación, presta atención a lo que está sucediendo y a los hechos más destacados. ¿Cuál es el tema de conversación que te parece haber escuchado antes? ¿Quiénes están involucrados? ¿Cuáles son los elementos críticos de lo que ocurre? Ya sea una mascota, una comida o un momento del día que te llame la atención, concéntrate y piensa en ellos.

Si consigues atender a los detalles, aprenderás algo que puede ayudarte en determinados aspectos de tu vida.

Instintos viscerales

Los instintos viscerales o las emociones verdaderamente repentinas no ocurren al azar ni sin causa o razón. Quieren transmitirte un mensaje. Por supuesto, puede ser difícil interpretar estos sentimientos y emociones. Imagina que te subes a un escenario para hablar a una gran multitud de personas; es posible que sientas calor, punzadas y una sensación de profundo malestar en el estómago.

Puede que tu primera reacción sea decir que estás nervioso, pero observa que son exactamente las mismas emociones y sentimientos que tendrías si estuvieras emocionado. Existe una línea muy fina entre ambas. Sin importar la situación en la que te encuentres, si notas que una emoción repentina te consume, que un mensaje dentro de ti empieza a gritar, no estás perdiendo la cabeza.

Por el contrario, te estás poniendo en sintonía con tu intuición y tu visión interior. Probablemente, durante demasiado tiempo habrás ignorado esta parte de tu ser, excepto en raras ocasiones, y por eso puede resultar bastante intensa cuando comienzas a permitirla y a escucharla. Cualquiera sea la situación, está ahí para decirte algo.

La apariencia de las personas y los animales

Una de las últimas señales que debes tener en cuenta viene en la forma de personas o animales. Las personas van y vienen de nuestras vidas todo el tiempo, pero ¿notaste alguna vez cómo algunas parecen llegar a tu vida en momentos específicos y luego desaparecen?

Independientemente de que se encuentren por casualidad o durante meses o años, hay gente que llega a tu vida para enseñarte algo que necesitas saber o para abrir tu mente hacia una nueva forma de pensar. Así actúa el universo, y por lo general, y probablemente sin saberlo, tú estarás haciendo lo mismo en sus vidas.

Si conoces a alguien y experimentas una sensación extraña, por ejemplo, un impulso automático que te lleva a pensar en esa persona, como una sensación persistente que se queda contigo después de haberla conocido, lo más probable es que te la hayan presentado por alguna razón. Trata siempre de tomar nota de los sentimientos que tienes con las personas, y deja que su energía entre si tu instinto te lo dice.

Esto mismo puede aplicarse cuando te presentan animales. Ya hablaremos de esto en el próximo capítulo, sin embargo, si ves que los animales aparecen a lo largo de tu vida, principalmente si lo hacen en sitios extraños, puede ser una señal del universo. Y más aún si ya has identificado cuál es tu animal espiritual.

Basta con que mantengas los ojos abiertos para ver qué animales se te presentan en los momentos más duros, extraños, coincidentes o particulares de tu vida. Si observas un patrón, es muy probable que el universo se esté acercando a ti.

Todas estas son señales a las que debes prestar atención a lo largo de tu vida. A menudo puedes tener una situación aislada en la que notas algo sorprendente, o bien puedes experimentar una serie de acontecimientos que se complementan entre sí, convirtiéndose en coincidencias significativas, y que son prácticamente señales que no puedes ignorar.

Poco importa cómo el universo te llame, mantente abierto a las señales. Ten confianza en tu inconsciente, y cuando tengas un instinto sobre algo, y sientas las primeras chispas de un mensaje o de un sentimiento que empieza a aparecer dentro de ti, es indudablemente el universo el que te está contactando. Eso significa que es el momento de que escuches.

CAPÍTULO TRES

Espíritus guías y ángeles guardianes

"Los susurros de nuestro espíritu son los mejores guías. Y se encuentran en los momentos muy personales de tranquilidad cuando no estamos haciendo nada".
— Jeanne McElvaney.

Continuando con el capítulo anterior, concretamente con el último punto, es hora de hablar de los espíritus guías y los ángeles guardianes. En ocasiones, no basta con una señal del universo y se necesita un poco de intervención directa. Ya sea para bien o para mal, es posible que no veas las señales, o quizás el llamado que necesitas escuchar proviene de un lugar específico.

Puede venir de un antepasado o de un pariente. Podría tratarse de alguien que no conoces, o bien podría proceder

29

de una entidad mayor. Puede que hayas escuchado historias, normalmente leyendas antiguas, en las que dioses y deidades vienen a la tierra para hablar con sus discípulos y transmitirles mensajes y acciones. Aunque se trata de sucesos de carácter universal, son acontecimientos similares. No cabe duda de que ambos están relacionados.

Desde niña estuve muy unida a mi abuela, pero ella enfermó de forma bastante grave y desafortunadamente falleció. Pasé muchos años atormentándome con lo que podría haber sido diferente. Si hubiese trabajado más para pagar una mejor atención médica o si hubiese sido capaz de darle una vida mejor.

Cuando tenía poco más de veinte años, mi madre enfermó y yo me torturé aún más. No podía hacer las cosas de otra manera, era como si la historia se repitiera, lo cual, por supuesto, me hizo sentir de nuevo aquellos viejos sentimientos, por lo que me encontré en una especie de bache emocional.

Hasta una noche en la que me sentía especialmente agobiada, y en la que decidí salir a dar un paseo. Estaba caminando alrededor de la manzana, al vivir en la ciudad de Nueva York, la calle todavía estaba bastante llena de actividad. Me senté en una parada de autobús y traté de distraer mi mente viendo el mundo pasar.

Incluso no me percaté del anciano que se sentó a mi lado. Ensimismada en mis pensamientos, no me di cuenta hasta unos días más tarde del hecho de que un hombre de su edad no estaría en la calle a esas horas de la noche, ni tampoco vestiría la ropa tan elegante que llevaba. Parecía estar vistiendo para una fiesta de traje y corbata, pero una muy antigua, de los años sesenta.

Tomó asiento y rompió el hielo con una pequeña charla, en la que habló de la noche y las multitudes, además de preguntarme si estaba bien porque me veía deprimida. Expliqué rápidamente mi situación, que estaba abrumada por mis sentimientos hacia mi abuela fallecida, y que sentía que la había defraudado o que podría haberlo hecho mejor.

Hubo un silencio durante uno o dos minutos antes de que respondiera.

"Mi niña. Evelyn sabía que hiciste todo lo posible, y le encanta que hayas hecho el esfuerzo que hiciste, pero las cosas no podrían haber salido de otra manera. Sabe que todo sucedió exactamente como debía suceder. Está agradecida de que hayas podido demostrar lo mucho que la querías. Ella te ama. Y todo lo que quiere de ti es que

31

recuerdes con cariño los buenos momentos que pudiste compartir. Quiere que te perdones".

Escuchaba mirando el suelo y dejaba que sus palabras penetraran. Había algo en la forma en que decía cada frase que las hacía sobresalir y que realmente provocaba algo en mí. Era profundo. De manera fortuita, por supuesto, pero tan pura. No solo escuché lo que decía. Lo sentí. Estaba totalmente conectada con el momento.

Antes de responder, alcé la vista, abandoné mi ensueño, me di vuelta para mirarlo y vi que ya no estaba. La calle estaba prácticamente vacía y el anciano no se veía por ninguna parte. Fue una experiencia muy profunda, que me acompañó durante años.

No obstante, aunque conocía la existencia de los espíritus guías y de los ángeles guardianes, no fue hasta una lectura de tarot, realizada varios años después, en que la adivina me describió todo el suceso casi palabra por palabra, cuando me di cuenta de que había experimentado mi propia introducción.

A partir de entonces, me mantengo atenta a nuevas señales de mis espíritus guías, e intento aprender más y más sobre ellos, sobre cómo y por qué se nos aparecen, y qué podemos hacer para estar abiertos a más de sus experiencias. Esto es lo que descubrí.

Introducción a los espíritus guías

Mucha gente usa diferentes términos para las diferentes maneras en que el universo trata de contactarnos, pero, en realidad, todos caen bajo el término de espíritus guías. Hasta los ángeles guardianes lo son técnicamente. Hay seis tipos principales a los que debes estar atento, y en los que ahondaremos a lo largo del capítulo.

Estos espíritus pueden aparecerse en cualquier momento, o pueden estar contigo siempre. Algunos serán guías nuevos, mientras que otros ya existían mucho antes de que nacieras. Otros aparecerán y se irán a medida que los necesites. Puedes incluso utilizar tu libre albedrío y conciencia internos a fin de manifestar la aparición de un espíritu guía en el momento en que lo requieras.

Por lo general, los espíritus guías suelen pertenecer a una o varias de estas seis categorías:

Arcángeles

Los arcángeles constituyen un tipo de ángeles que actúan como líderes de otros ángeles. Poseen una enorme cantidad de energía en su interior y son extraordinariamente poderosos. Si eres una

33

persona empática (un empático), notarás un cambio en la energía o en el estado de ánimo cuando uno entra en una habitación. El ambiente cambiará. Las formas de los arcángeles son limitadas, y existen arcángeles específicos por motivos concretos. Así, por ejemplo, el arcángel Rafael es conocido como el arcángel de la curación y puede trabajar con un número infinito de seres humanos en cualquier momento y de muchas formas, tanto grandes como pequeñas. Existen entre siete y quince arcángeles, según la fuente y la profundidad con la que se quiera ahondar en el tema. Los quince arcángeles son:

- Ariel

- Azrael

- Chamuel

- Gabriel

- Haniel

- Jeremiel

- Jofiel

- Metatron

- Miguel

- Raguel

- Rafael

- Raziel

- Sandalfón

- Uriel

- Zadquiel

Maestros ascendidos

Los maestros ascendidos son espíritus guías de gran prestigio. Se trata de seres que una vez fueron humanos pero que transcendieron porque vivieron vidas increíblemente espirituales. Entre ellos se encuentran seres como Buda y la Virgen María. Se trata de seres considerados como poderosos líderes espirituales.

Según las leyendas y el conocimiento adquirido, todos los maestros ascendidos son espíritus guías que colaboran en paz, sin importar la religión o la cultura, con el fin de llevar los mensajes del universo a aquellos que necesitan escucharlos.

Los seres queridos que ya no están

Probablemente sea una de las formas más habituales de espíritus guías, porque son más personales para nosotros individualmente y es más fácil reconocerlos. Estos espíritus eligen si desean proporcionar orientación en el momento y la forma que deseen, y pueden ser personas que conociste a lo largo de tu vida o ancestros de generaciones anteriores.

Esencialmente, todo ser humano, aunque no sea un ser querido o una persona que hayas conocido, puede convertirse en tu espíritu guía. Si por ejemplo eres músico, es posible que otros espíritus guías que son músicos se pongan en contacto contigo y te ofrezcan orientación cuando sea el momento adecuado, ya que estás conectado a ellos a través de tu arte, lo que te sitúa en la misma frecuencia vibratoria.

Ángeles guardianes

Los ángeles guardianes son especiales. Son espíritus guías angélicos que solo te guían a ti. No se comparten y puedes tener más de uno. Un ángel guardián es un ser espiritual, fuerza vibratoria o forma de energía universal que ha consagrado su existencia a ayudarte.

Su misión puede atravesar la luz y el tiempo, y se les puede pedir ayuda siempre que la necesites. Se trata de seres energéticos que te aman incondicionalmente, para siempre y en todo momento. En lo bueno y en lo malo.

Ángeles auxiliares

Los ángeles auxiliares podrían describirse con facilidad como "ángeles independientes". Se trata de ángeles que colaboran con los seres vivos y con el flujo de energía cósmica y que envían mensajes por iniciativa propia. Buscan a personas para ayudarlas y se convocan a sí mismos, o pueden ser convocados, para situaciones específicas en las que pueden ayudar.

Normalmente, estos ángeles aparecen en los momentos más luminosos, quizás durante un sueño para dar una sensación de seguridad, en la meditación o en una idea o pensamiento fugaz.

Espíritus de los animales

Los espíritus son fascinantes. Suelen aparecer en forma de una mascota que alguna vez tuviste. Normalmente es así porque los humanos y las mascotas tienden a tener vínculos emocionales y físicos increíblemente fuertes. Ambos dependen el uno del otro tanto para su tranquilidad como para la supervivencia física.

No obstante, los espíritus de los animales pueden aparecer en cualquier forma que deseen, o, si los estás invocando, en la forma que quieras. La mayor parte de la gente tiene un espíritu animal que solo resuena con ellos. Mi espíritu animal es un lobo, y cada vez que necesito una guía o busco señales del universo, normalmente se manifiesta en forma de lobo.

Convocar a tu espíritu animal puede ser tan simple como conectarse con imágenes o sentimientos de tu animal favorito.

El espíritu animal puede aparecer en todo momento y en cualquier lugar, ya sea como una idea, en la televisión, en tu patio trasero, en la calle, estampado en una camiseta e incluso en una conversación, por lo que hay que mantener los ojos bien abiertos.

Con esto hemos llegado al final del tercer capítulo. Ahora conoces los espíritus guías más habituales y las formas en las que el universo puede ponerse en contacto contigo. Desde este momento, plantéate la posibilidad de buscar estos espíritus guías en tu propia vida.

Puede que vengan a ti de forma natural, o que tengas recuerdos de que se te hayan aparecido, o que quieras invocarlos conscientemente. Analizaremos esto en el próximo capítulo.

CAPÍTULO CUATRO

Establecer un primer contacto

"Por favor, no te preocupes. Yo te sostengo".

- El universo

A lo largo de mi vida me han contactado los espíritus guías y escuché el llamado del universo varias veces. Inicialmente, era inexperta y no sabía lo que buscaba o lo que estaba pasando, y solo acepté este reconocimiento posteriormente. En ocasiones, esto ocurría días después del suceso o incluso años.

Sin embargo, al comprender mejor lo que son los espíritus guías, cómo suena el llamado y de qué manera funcionan este tipo de mensajes y experiencias, me hice mucho más presente con mis vivencias, no solamente reconociendo cuando sucedían sino haciendo que ocurrieran activamente.

En las páginas de este capítulo se explica cómo hacer el primer contacto con el universo, sea cual sea la vía por la que quieras conectar con él. Nos sumergiremos en algunas de las técnicas que puedes usar, en cómo puedes abrir tu corazón y tu alma a ello, y en la manera en que puedes reconectarte con el universo de las maneras más poderosas.

Conversaciones con el Universo

Tener una conversación con el universo es posible. Cuando el gran cosmos te está enviando señales y tratando de mostrarte algo para ayudarte a tomar una decisión o para darte una nueva perspectiva sobre algunos temas, se trata de un primer contacto.

Esto es el universo diciendo, "oye, hay algo que necesitas mirar y una idea nueva para que la considere". A veces, esto es todo lo que necesitas. Mi amiga estaba en una relación muy tóxica y todos los indicios le mostraron claramente cómo obtener ayuda para salir de ella. En tu propia experiencia, puede que las señales no sean suficientes.

Hay momentos en los que ves una señal y deseas profundizar en ella. Este tipo de situaciones ocurren todo el tiempo. El Universo siempre te está hablando, aunque algunas señales serán más importantes que otras, y algunas no te importarán. No hay nada malo en ello, puesto que no puedes aprovechar cada oportunidad que se te presenta físicamente.

En todo caso, ¿cómo se puedes dialogar con el universo? Puede parecer muy descabellado, incluso más cuanto más lo piensas, pero respiremos hondo y empecemos por el principio. Primero, aclárate.

Debes tener una idea bien definida de lo que quieres decir antes de avanzar en la conversación. Si empiezas a hablar sin saber qué es lo que quieres contar, probablemente no llegarás a ninguna parte y, desde luego, no saldrás con una respuesta clara. La peor cosa que puedes hacer es salir más confundido que cuando empezaste.

Cálmate y aclara las cosas. ¿Qué estás pidiendo? ¿Qué quieres? ¿Quieres saber cómo enfocar tu carrera? ¿Tus relaciones? ¿Tu situación financiera? ¿Cómo despejar tu mente y encontrar la paz? ¿Estás estresado, ansioso o deprimido y no estás seguro de qué hacer al respecto?

Una de las mejores recomendaciones que aprendí, concretamente cuando se trata de leer las cartas del tarot (que es otra forma de comunicarse con el universo), es formular preguntas específicas que no contengan respuestas de sí o no. Por ejemplo:

- ¿En qué puedo enfocarme para ser más creativo mañana?

- ¿Cuáles son algunas de las formas en que puedo ser más feliz en mi relación?

41

- ¿Qué puedo hacer para que el día de hoy en el trabajo sea genial?

- ¿Cómo puedo acercarme a una nueva persona en mi vida?

- ¿En qué puedo centrarme para que mi vida sea más plena y satisfactoria?

Estas preguntas resultan ideales ya que puedes recibir respuestas e ideas útiles que te ayuden a orientarte, sin importar el área de tu vida en la que te encuentres. Si te resulta útil, escribe previamente de qué quieres hablar. Ten en cuenta, especialmente al empezar, que puede que tengas que repetir este proceso a diario hasta que obtengas una respuesta clara.

Cuando tengas decidido de qué quieres hablar, es hora de abrir tu mente ante las posibilidades y la fuente de mayor poder. Encuentra un espacio tranquilo, en algún lugar en el que te sientas cómodo, y siéntate en silencio. Intenta conectarte con el momento presente y pregunta claramente lo que quieres.

Di algo como: " Estoy aquí para preguntarte cómo puedo ser más feliz en mis relaciones y qué puedo hacer. Ahora mismo me siento desafortunado y estoy buscando respuestas".

Repite esta frase en tu mente. Inicialmente, obtendrás una gran cantidad de parloteo del ego que hemos desarrollado a lo largo de los años. Puedes llamarlo ansiedad, estrés, preocupación o lo que quieras, es difícil de superar.

Probablemente verás que tu mente divaga y que nuevos pensamientos te distraen. Pensamientos como lo que vas a cenar, los correos electrónicos que tienes que atender, qué vas a hacer durante el fin de semana, cómo vas a afrontar una situación personal, etc. Se requiere tiempo y paciencia (y una gran cantidad de perdón y compasión hacia ti mismo) con el fin de superar y ser capaz de ver a través de estas formas de pensar.

Vivirás días buenos y días malos. Unos días el llamado del universo será oscuro y casi como un susurro, y otros días será claro como el cristal. Acéptalo y escucha. Ciertos días podrás someterte a una experiencia muy intensa y profunda, y ciertos días serán tranquilos y prácticamente no escucharás nada. Los dos son aceptables. Ten confianza en el proceso.

Con este entendimiento, podrás empezar de verdad. Formula tu pregunta y escucha las respuestas que te llegan. ¿Qué mensajes aparecen en tu mente? Recuerdo que tuve algunas experiencias muy intensas.

En una ocasión, me sentía muy perdida y mi vida era un desastre. Mi carrera profesional estaba desorientada y era incierta, mi relación de pareja era intensa y todo me parecía estresante. Me arrodillé en el suelo de mi habitación, con los ojos cerrados, las manos apoyadas en las piernas y con las palmas hacia el cielo, y pedí ayuda al universo.

De forma intensa, fue como si sintiera las yemas de los dedos de una mujer subiendo lentamente por mis brazos. Su contacto era suave y delicado, y aunque fue intenso e increíblemente profundo al principio, seguí con los ojos cerrados y dejé que la experiencia sucediera. Los dedos de ella bajaron por mis brazos, pasaron por mis palmas y finalmente me cerraron las manos formando puños, con sus manos descansando encima.

Con la manifestación de la mujer frente a mí, noté una brisa sobre mi piel, y en el mismo aire, hubo un susurro. Me habló.

"Todo va a estar bien. Respira profundamente. Dale tiempo".

Eso fue exactamente lo que necesitaba escuchar. En mi estado de estrés, agobio y ansiedad, lo único que precisaba era que me recordaran que debía darles tiempo a las cosas para que se resolvieran. Necesitaría paciencia e intentar calmarme, para no caer en la trampa perpetua de círculos de pensamientos estresantes.

Respiré profundamente y abrí los ojos. Todo me pareció más brillante y vívido. Parecía que mi mente implacable se había calmado, y seguí con el resto del día y la semana con una mentalidad renovada, tranquila y centrada. El universo me había hablado y, con sus palabras, me liberó de mis viejas formas de pensar y me puso en un nuevo capítulo.

Mantente atento a las pequeñas señales, susurros, signos y mensajes que el universo te envía, ya sea en una conversación tranquila o en tu día a día. Observa los detalles.

Escucha tus sentimientos. Cuando sientas un impulso o un chispazo de emoción intenso, será una señal en la que deberás centrarte. Si al pensar en un tema sientes tensión en tu cuerpo, esto puede ser una señal. Si por ejemplo te preguntas si una nueva oportunidad profesional es la adecuada para ti y experimentas una sensación de dolor o malestar, es claramente un no. Pero si te sientes feliz, entusiasmado y en paz, puedes tomarlo como un sí.

Recuerda que no existe un límite en el número de preguntas que puedes hacer o en la cantidad de veces que puedes contactar con el universo. Mientras más lo hagas, serás mejor para conectarte y recibir la respuesta. Pero es importante recordar que dialogar con el universo no resuelve tus problemas, ni tampoco cuenta como acción.

La razón de ser del universo es guiarte y ayudar a abrir tu mente, aunque sigue dependiendo de ti actuar y tomar decisiones. Si escuchas una respuesta, pero continúas viviendo tu vida como hasta ahora, nada cambiará y habrás desatendido efectivamente tu llamado.

Contactando con tus espíritus guías

No solamente puedes hablar con el universo, sino que también puedes buscar la orientación de tus espíritus guías y de todas las formas que adoptan. Existen muchas formas de hacerlo, y a continuación me referiré a las más comunes.

Así como el universo se comunica contigo, los espíritus guías pueden ponerse en contacto enviándote señales como sincronizaciones u otras formas de coincidencias significativas, lo cual tiene sentido ya que tanto el universo como tus espíritus guías provienen de la misma fuente de poder. Por ejemplo, es posible que veas un número de forma repetida a lo largo de tu vida, o que escuches una canción en la radio relacionada con el día que acabas de tener.

Permanece atento a estas situaciones llamativas e impactantes que se distinguen de la monotonía de la vida cotidiana. Puedes experimentar un sueño que te llame la atención por su mensaje específico, o incluso puede que tu guía aparezca dentro del propio sueño.

Los espíritus guías también trabajan en un segundo plano en tu vida y es posible que no se acerquen a ti directamente. Es posible, por ejemplo, que guíen a otra persona hacia tu vida, o que inciten a que se produzcan determinados acontecimientos. Para aumentar tus posibilidades de captar estas señales y conectar con estos mensajes, practica lo siguiente:

- Hazte más presente en tu vida diaria a través de una mayor conciencia, meditación, prácticas de escritura en un diario, etc.

- Tómate uno o dos minutos al día para buscar señales de tus espíritus guías cada vez que hagas algo o cambies de escenario.

- Reserva tiempo para permitir conexiones naturales con tus espíritus guías de forma diaria, semanal o mensual y en eventos especiales, como la noche de luna llena o el año nuevo.

- Practica la simplificación de los mensajes de lo que preguntas o acerca de los temas que quieres saber

- Utiliza una herramienta de ayuda, ya sea un vidente que te ayude a fomentar la conexión con tus espíritus guías o una herramienta de adivinación.

Naturalmente, no es necesario que esperes a que tus espíritus guías te muestren una señal, ya que puedes acudir a ellos cuando los necesites. Del mismo modo que cuando pides al universo que te guíe, debes tener claro qué es lo que quieres exactamente de tu conversación. En caso contrario, tus respuestas serán confusas y difíciles de entender.

Cuando tengas claro lo que deseas (repitiendo el proceso del que hablé en la sección anterior de este capítulo), querrás sentarte en un espacio tranquilo, lejos de las distracciones, donde puedas conectarte con un guía de tu elección tranquilamente. Puedes pedir específicamente la orientación de un guía concreto (consulta la lista del capítulo anterior), o dirigirte al universo y ver qué guías se te aparecen.

Siéntate tranquila y pacíficamente y concéntrate en tus pensamientos y en las sensaciones de tu mente y tu cuerpo. Observa lo que sientes y constata qué pensamientos te vienen a la mente, pero procura no perderte en el propio pensamiento. Simplemente reconoce y toma conciencia del tema, y después sigue adelante. Fluye con tus pensamientos.

Cuando empieces a alcanzar un estado mental sólido, tal vez después de unos minutos, reitera en tu mente la pregunta que quieres hacer. Repítela, centrándote en el mensaje y en lo que quieres conseguir, tratando de ser lo más claro posible con lo que quieres. Luego, espera una respuesta.

Esto puede tardar algún tiempo, o puede suceder al instante. Aprovecha esta oportunidad cuando sientas algo por primera vez para comenzar a conocer a tus espíritus guías. Al fin y al cabo, estarás con ellos de por vida, por lo que puedes beneficiarte enormemente de conocerlos. Cuando estás empezando, resulta importante abrir tu mente a posibles nombres o identidades.

Fíjate en qué nombres te vienen instintivamente a la mente, y si ninguno lo hace, podrás nombrarlos tú mismo. Existen muchos espíritus guías que están abiertos a esto y, de hecho, lo alentarán porque tendrás una conexión mucho más personal con ellos.

Nuevamente, cuanto más practiques, mejor te volverás, y pronto tendrás una lista completa de guías con los que puedes conectarte. Ten en cuenta que algunos pueden aparecer una vez, en tanto que otros pueden aparecer todo el tiempo. El mejor modo de hacer un seguimiento de esto es llevar un diario de espíritus guías, que es básicamente el diario en el que anotarás tus experiencias, lo cual te ayudará a recordar con quién te conectaste y el camino que recorriste hasta ahora.

Repitiendo este proceso profundizarás tus conexiones. Puedes meditar con tus espíritus guías tanto como quieras, aunque si estás empezando, trata de practicar al menos una vez a la semana, por ejemplo, para prepararte para el comienzo de la próxima semana, a fin de familiarizarte con quiénes son tus espíritus guías y cómo conectar con ellos.

Practica simplemente enviando tus mensajes y preguntas con tus pensamientos, pero no temas diversificarte. Existen otras herramientas que puedes utilizar para que tus espíritus guías canalicen sus mensajes. Herramientas como las cartas del tarot, encuentros fortuitos, cartas del oráculo y las runas ofrecen la oportunidad de que tus espíritus guías se pongan en contacto.

Para probarlo por ti mismo en este momento, coloca tus manos delante de ti y sostén algo con significado. Así, por ejemplo, para ponerse en contacto con un ser querido que ya no está, sujeta una de sus posesiones o su fotografía. También puedes sostener un cristal, una biblia, una carta de tarot que te atraiga, o cualquier otra cosa. Puede ser lo que quieras o, sobre todo, cualquier objeto o cosa hacia la que te guíe tu instinto.

Sujeta este objeto durante un minuto, respira profundamente y cierra los ojos, siguiendo con la respiración consciente para centrarte, y pide a tus espíritus guías que se revelen o te envíen un mensaje a través del objeto que estás sujetando. Observa los efectos por ti mismo, y sintoniza tanto con el objeto con tus pensamientos y sentimientos para obtener una respuesta.

Aprovechar el poder de los números angélicos

Ya hemos tocado el tema de los números angélicos, pero,

aunque parezca que me he centrado en muchos otros aspectos de la conexión con tu universo, tus guías y la escucha de los llamados, ahora ya sabes todo lo que necesitas saber para aprovechar plenamente el poder de estos números en todos los aspectos de tu vida.

Analicemos un ejemplo. Supongamos que te despiertas a las 3:20 am. Te encoges de hombros y vuelves a la cama. Te despiertas para ir al trabajo y tomas el autobús 320 o ves un automóvil que está atascado detrás en el tráfico con el 320 en la placa de matrícula. Te tomas un café en la cafetería local y la cuenta asciende a 3,20 dólares. Al llegar al trabajo, hay 320 nuevas actualizaciones en el flujo de trabajo, y así sucesivamente.

Esta repetición del número 320 es un mensaje del universo y de tus ángeles espirituales, y solo te estás decepcionando a ti mismo si decides ignorarlo. Por fortuna, este concepto no es nuevo ni desconocido. Lo único que tienes que hacer es buscar tu propio número angélico en Internet o utilizar un libro de números angélicos para ver cuál es su significado.

En este caso, el 320 hace referencia a la conexión de los números individuales 3, 2 y 0. El 3 significa estímulo y apoyo, comunicación y autoexpresión. Se trata de un número que se refiere a crear o manifestar algo. El 2 está relacionado con la armonía y el equilibrio. Se trata de tener confianza y fe en lo que estás haciendo y seguir el camino para cumplir el propósito de tu vida.

El 0 es el número del equilibrio y del zen. Es el número de la "Fuerza de Dios" y comprende la totalidad, la terminación, las energías universales y el hecho de que todo se convierta en uno. Cada vez que aparece este número, debes ampliar el significado completo a dimensiones y niveles de importancia universales.

Por lo general, el número 320 significa que tienes una fuerte conexión con los guías y los mensajes del universo, y que esa conexión es clave a la hora de seguir lo que deseas conseguir en tu vida, independientemente de en qué te estés centrando, ya sean tus relaciones, tu carrera, tu vida personal, etc.

No obstante, hay un enfoque muy fuerte en la creatividad. Ya sea que quieras paz, felicidad, alegría, satisfacción o resultados, este número significa que debes tener fe y confianza en tus habilidades creativas. Sin importar en qué área de tu vida te estés enfocando, es momento de comunicarte abiertamente con lo que estás haciendo y permitir que fluyan esos impulsos creativos.

Esto significa mantenerse positivo y esperanzado en cuanto a lo que depara el futuro y dar el paso. Dispones de las habilidades, los conocimientos y el talento para lograr el resultado que deseas. Es hora de comprometerse y hacerlo realidad.

Los números angélicos pueden ser cualquier número, normalmente de hasta tres dígitos, pero pueden tener cualquier longitud, y funcionan junto con los principios de la numerología. Advertir estos números es una señal de que estás en el camino correcto, aunque también es un indicio de que debes ponerte en contacto con el universo. Si lo haces, podrás identificar una dirección respecto a cómo puedes avanzar en una situación determinada.

Los momentos de desconexión

Con tiempo y práctica, cuando empieces a experimentar conexiones con tus espíritus guías y el universo mismo, habrá también momentos más difíciles en los que sientas una desconexión. Es posible que experimentes momentos en los que intentes conectar con tus espíritus guías y que lo estés haciendo todo bien, pero que no consigas escuchar un mensaje.

Hace poco pasé por esto. Parecía que el universo se quedaba en silencio. Se oían susurros en el éter, sin embargo, no había una comunicación clara, especialmente en comparación con las conversaciones precisas y a veces bastante intensas que había sostenido hasta ese momento.

Me daba miedo y, para ser sincera, me sentía sola. Me sentía casi abandonada. Imagínate los pensamientos que cruzan por tu mente cuando sientes que el universo te abandonó. No es un lugar agradable para estar, ni dura para siempre.

Primero, y más importante, tus espíritus guías no te abandonarán nunca ni te dejarán solo. Estarán siempre a tu lado. Después, recuerda que ellos pueden estar trabajando también en el trasfondo de tu vida y es posible que no se acerquen a ti directamente. Cuando sientas una desconexión en tu vida, podría ser una señal para estar más presente, y así abrirte a cualquier oportunidad de inspiración que se te presente.

Normalmente, esto puede ocurrir durante los momentos más difíciles y desafiantes, y por eso puede parecer tan aterrador y abrupto. No obstante, tómalo como un recordatorio de que tus espíritus guías quieren estar lo más cerca posible de ti.

Por ello, presta especial atención a la conexión con tus espíritus guías, aún más de lo habitual. Esto puede hacerse a través de un diario o de una práctica de meditación que realices. Por ejemplo, si lo haces durante diez minutos al día, prueba con veinte minutos. Si meditas semanalmente, intenta hacerlo a diario. Si no utilizas cartas de tarot o herramientas de adivinación, puedes probarlas.

Si pones un poco más de empeño en conectar con tus guías, manifestando claramente que necesitas su atención, entonces ellos te escucharán, y te responderán. Es solo cuestión de tiempo y de abrirte a ellos. Algunas veces, solo hay que dar ese pequeño paso extra.

Mirando hacia el futuro

Deberías tener todo lo que necesitas para abrir tu mente, tu alma y tu verdadero yo a las llamadas del universo y de tus espíritus guías y a los mensajes y conexiones que tienen para ti. Por otro lado, ellos han estado siempre a tu lado, y el universo siempre se comunicó contigo. Seguramente ya experimentaste estas situaciones antes, ahora ya sabes qué buscar y cómo aprovecharlo.

Mirando hacia adelante, aparte de aprender nuevas formas de conexión, tal vez más avanzadas, solo tienes que practicar. Recuerda cuando eras un niño y todo era nuevo. La conexión con el universo era máxima debido a que tu mente estaba fresca y las señales estaban por todas partes.

Pero a medida que creces, la mente se condiciona a pensar de ciertas maneras, y comienzas a perder la conexión con los poderes universales. En cambio, el pensamiento empieza a centrarse en otras cosas, como perseguir la felicidad, el dinero, las relaciones, y simplemente intentar hacer frente y comprender las crecientes complejidades del mundo moderno, muchas de las cuales fueron creadas por aquellos que perdieron sus conexiones y no buscan reconectarse.

De todos modos, con práctica, perseverancia y una mente abierta, podrás empezar a relajar algunos de los modos de pensar más condicionados que desarrollaste a lo largo de los años y reconectar con la fuente cósmica existente. En ese momento, el mundo se convierte en tu ostra, y tu vida se convierte realmente en tu vida.

Conclusión

Y con esto, llegamos al final de nuestro viaje. Ojalá hayas encontrado este libro inspirador, y espero haber logrado ayudarte a entender algunas de las experiencias que ya atravesaste en tu vida, así como también contribuir a que te prepares para experiencias aún más grandes y perspicaces que pueden ocurrir en tu futuro.

Una vez más, la intención de este libro es servir de guía detallada para principiantes. Aunque es breve y agradable, hay información más que suficiente para que empieces tu viaje y te conectes con el universo de una manera que realmente beneficie tu vida. Pero no creas que esto es todo lo que debes hacer.

Existe un mundo de maravilla, misterio y magia ahí fuera, de fuerzas de poder y de la naturaleza que ni siquiera podemos empezar a comprender. Basta con plantearse preguntas como qué ocurre en el confín del universo, qué hay más allá y cómo empezó todo, para que se empiece a vislumbrar el potencial que hay.

Te recomiendo encarecidamente que empieces poco a poco y apliques estos conceptos a tu propia vida. Confía todo lo que puedas en ti mismo, ábrete al potencial y verás cómo se revela todo ello. Deseo que tengas la mayor suerte en tu viaje, y estoy ansiosa por saber de ti.

En caso de que hayas encontrado algún tipo de conocimiento en este libro, de que hayas disfrutado de su lectura, que hayas aprendido algo, de que te haya servido de ayuda, o de que simplemente quieras ponerte en contacto conmigo, no dudes en dejar una reseña en la página en la que lo compraste. Me entusiasma escuchar tus opiniones, y a través de tus comentarios, podré continuar mi camino para ser la mejor escritora que pueda ser, un camino trazado para mí por mi propio instinto y guiado por mis propios espíritus guías.

Hasta la próxima ocasión, buena suerte y que el universo esté siempre de tu lado.

Gracias

Antes de que te vayas, quería darte las gracias por comprar mi libro.

Hay muchos libros sobre el mismo tema, pero tú te arriesgaste y elegiste éste.

Así que, gracias por elegirme y por leer este libro hasta el final.

Ahora, quería pedirte un pequeño favor. **¿Podrías considerar publicar una reseña del libro? Las reseñas son la forma más fácil de apoyar a una autora independiente como yo.**

Tus comentarios me ayudarán a seguir creando libros que te ayudarán a conseguir los resultados que deseas. Así que, si lo disfrutaste, por favor, házmelo saber.